AF230182

L'ADMINISTRATEUR COLONIAL

Sa vraie seule d'amour

Dr RENÉ GRANDCLAUDE

BATAILLES COLONIALES

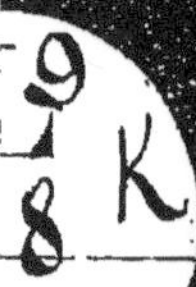

L'ADMINISTRATEUR COLONIAL

L'ADMINISTRATEUR COLONIAL

Son rôle social et moral

Par RENÉ SAINT-CLAIR

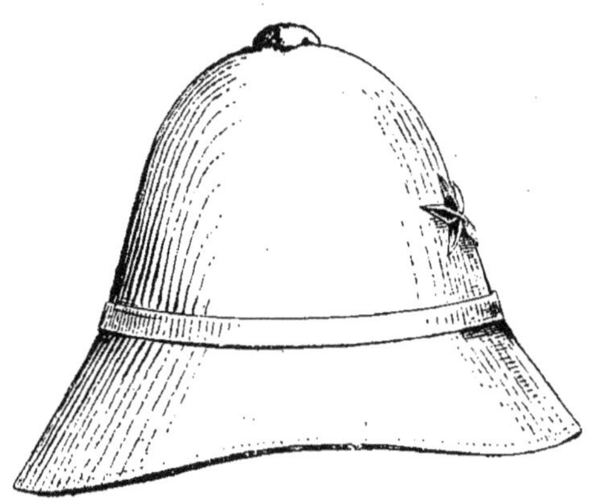

NIORT

G. CLOUZOT, LIBRAIRE-ÉDITEUR

22, RUE VICTOR HUGO, 22

1909

Pionniers et conquérants de la veille, ils auront,
par l'exemple de la volonté, du ressort moral et de
la résistance physique, réveillé parmi nous l'instinct
national, fait d'action désintéressée et de rêve géné-
reux. Sachons les honorer, car, en leur personne,
nous honorerons non seulement les fils dévoués de
la France d'aujourd'hui, mais encore les artisans de
ce qu'on a appelé — de ce qui ne sera pas, grâce à
leurs efforts, une déception nouvelle — la « France
de demain ».

G. BINGER.

(Préface du Livre d'Or des Administrateurs
Coloniaux. Paris, 16 juin 1900.)

Aux heures trop rares — tant la vie nous bouscule — où chacun de nous recherche, dans la somme de ses actes, ce qu'il a fait de meilleur — ou de moins mauvais — j'aurai plaisir à mettre en première ligne, dans les actes de ma vie coloniale, ce décret du 2 septembre 1889 qui, en donnant l'existence à cet admirable corps des Administrateurs, m'a en quelque sorte constitué le père de ces Français de race.

Eugène· ETIENNE,

Député.

Ces dernières années ont été plutôt dures pour le personnel colonial. Des actes fâcheux, certes, répréhensibles, condamnables même, mais considérablement grossis par l'opinion publique toujours en quête d'émotions scandaleuses, habilement présentées et parfaitement ignorante de l'existence coloniale, ont donné naissance à un sentiment de défiance sur tout un personnel des plus méritants : Officiers de l'Armée Coloniale, Fonctionnaires civils et Colons.

L'opinion publique toujours prête à enregistrer des défaillances, pour lesquelles cependant les circonstances atténuantes ne manquent pas, et systématiquement sourde au dévouement inlassable, aux privations, aux souffrances, aux services rendus à la Patrie, n'a pas hésité à rendre responsable toute une catégorie de citoyens des folies de quelques-uns. Et il a fallu la haute intervention du Ministre des Colonies pour rappeler au Pays ce qu'est la majorité des Coloniaux, et faire ressortir, éloquemment, leurs services.

Des Coloniaux, nous n'avons reçu aucun mandat ; mais c'est assuré de leur assentiment que nous disons à leur défenseur : Merci.

Il y a quelques années, un jeune Capitaine d'Etat-Major, aujourd'hui brillant Général de Division, rompant avec la

routine et la tradition, lançait dans le monde militaire une brochure intitulée : Le Rôle Social de l'Officier.

Ce fut une révélation et une révolution dont le capitaine X...
n'a pas eu à se plaindre.

L'auteur de cette brochure est beaucoup plus modeste : il ne
peut rien révolutionner ni rien révéler ; d'un long contact avec les
Coloniaux et les Colonies, il a emporté cette impression que
quelquefois ceux qui partent pour les colonies avec une mission
civilisatrice ont une idée confuse de leur rôle social et moral,
plus difficile et plus compliqué qu'ils ne le supposent ; il leur
dédie ces pages, à ces jeunes gens qui disent adieu au sol natal,
au foyer, à ses joies, poussés par l'amour de l'inconnu ; à ces
courageux, à ces stoïques, mus par des sentiments différents,
mais dont le but est le même : la France plus grande, plus
glorieuse ; aux élèves-administrateurs, aux agents des services
civils, à toute la jeunesse française, il en fait l'hommage.

R. S^t-C.

L'ADMINISTRATEUR COLONIAL

De tous les fonctionnaires français, l'Administrateur Colonial est certainement celui dont on exige le plus moralement, et physiquement.

Que lui demande-t-on ?

D'abord des parchemins ; ensuite d'être un éducateur, un conducteur d'hommes, un magistrat, un architecte, un ingénieur, un médecin, souvent un soldat, un instituteur, un agronome, un missionnaire social, et c'est comme tel que nous apparaît la grandeur et la noblesse de sa tâche ; et, quant à ses connaissances administratives et financières, elles doivent être encyclopédiques.

Il doit être robuste, sans tare physiologique, courageux, sans témérité, quelquefois audacieux ; voilà pour le physique.

Quant au moral, i le faut humain, juste, patient, philosophe et gai.

La gaîté, c'est le bon camarade des solitudes de la brousse.

La philosophie, panacée contre la mauvaise fortune, la fourberie de l'indigène, la veulerie des uns et la rosserie des autres.

Qui n'est ni gai ni philosophe n'est pas digne d'être colonial.

Ces qualités, j'allais dire ces vertus, ne sont autres que la composition de l'homme complet.

Ne demandons pas à l'Administrateur d'être moralement complet ; exigeons seulement qu'il soit un homme.

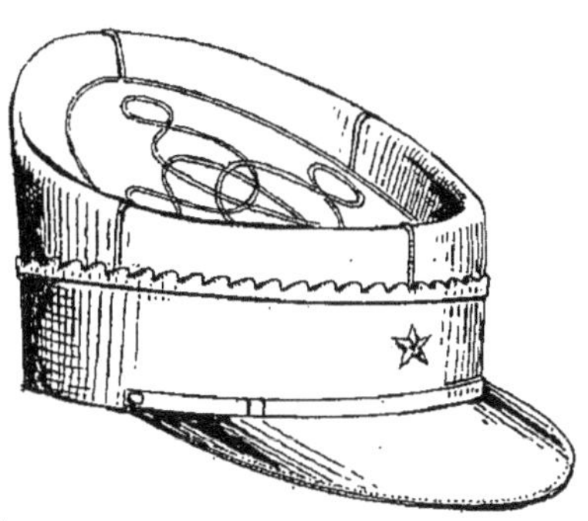

Il n'y a pas de carrière qui exige, comme on le voit, plus de qualités maîtresses que la carrière coloniale, car la sainte tradition léguée par les siècles devanciers ne l'a pas marquée encore de son empreinte.

L'initiative la plus grande, la compréhension la plus large, l'intelligence et la raison sont, dans la plupart des cas, les conseillers de l'Administrateur.

Il n'y en a aucune qui s'embrasse plus facilement.

Pour beaucoup, ça n'est pas une carrière, c'est un accident.

Cette critique est surtout vraie pour le colon qui s'expatrie sans capitaux, sans connaissances, même les plus élémentaires, sans vocation, croyant trouver aisance ou fortune en foulant le sol colonial.

De là l'origine de bien des erreurs, de bien des déceptions, dont les victimes sont l'Etat, le colonial et l'indigène.

Tout jeune homme détenteur d'un ou plusieurs diplômes possède généralement une mentalité lui permettant d'exercer convenablement, sinon brillamment, certaines fonctions métropolitaines : avocat, officier, médecin, magistrat, industriel, etc., etc. ; or, cette mentalité n'est pas suffisante pour entrer soit à l'Ecole Coloniale, soit dans les cadres des affaires civiles ou indigènes.

L'Etat, en cette circonstance, ne se préoccupe pas des facultés morales de ses représentants, fort peu des facultés physiques : c'est un tort : il y a, en effet, entre les deux une corrélation indéniable.

Sous ce rapport, le recrutement par le rang (affaires civiles ou affaires indigènes) offre plus de garanties que l'Ecole Coloniale.

Il est bien évident que les huit ou dix ans que passe un jeune bachelier dans les cadres subalternes de la hiérarchie coloniale, avant de décrocher les étoiles d'argent d'administrateur-adjoint de 3e classe, constituent une épreuve autrement sérieuse que l'externat de l'Ecole de l'avenue de l'Observatoire, qui reste, malgré tout, grâce à ses maîtres et à son programme, notre grande Ecole.

L'Ecole Coloniale répondait à un besoin.

C'est actuellement une institution qui a donné des résultats desquels découle la nécessité d en modifier la forme et le fond, en vue de donner aux apprentis coloniaux la mentalité coloniale.

Paris, siège de l'Ecole Coloniale, m'apparaît comme un solécisme du bon sens ; de même que, dans son genre, le Jardin Colonial, à Nogent.

Comment veut-on que des jeunes gens menant à Paris la vie de l'étudiant acquièrent le sens colonial ?

De l'avis de nombreuses personnalités dont nous avons, au cours de nos voyages, recueilli l'avis, l'Ecole Coloniale assure au jeune homme le droit d'être nommé à sa sortie Elève-Administrateur, mais ne le prépare aucunement à jouer un rôle social et moral aussi complexe que celui qui incombe à l'Administrateur colonial.

Encore là, l'Etat a la plus grande part de responsabilité.

A l'amour des premières broderies, du premier képi, du commandement, doit correspondre le souci de la responsabilité, le souci de la grande et noble tâche d'éducateur ; aussi le Ministre,

qui annexerait à l'Ecole Coloniale une chaire de *morale sociale*,
à l'usage des apprentis administrateurs, ne serait déjà pas si mal
inspiré.

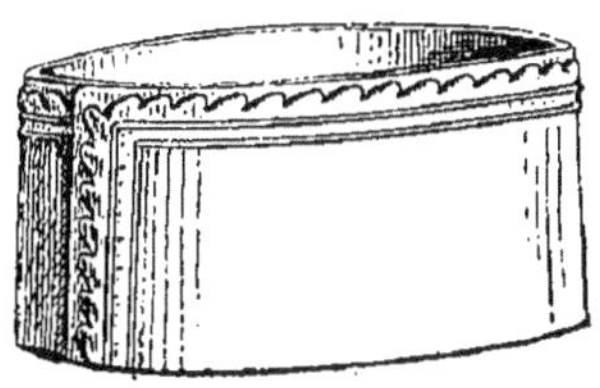

En France, nous sommes, en matière coloniale, un peu trop
hypnotisés par les errements anglais que nous nous lançons à la
face, en nous gardant bien de nous en inspirer ; par contre, nous
ne prêtons pas assez attention aux efforts remarquables que font
aux Indes les sujets de sa très gracieuse Majesté la Reine
Wilhemine.

Le gouvernement néerlandais, qui exige énormément des
Javanais et surtout des fonctionnaires indigènes éduqués, dressés
et instruits par lui avec une sollicitude digne d'exemple, vient de
fonder, à La Haye, une Académie, spécialement réservée aux
Administrateurs des Indes-Orientales. Ce n'est pas, comme ailleurs,
à des jeunes gens qui croient se découvrir des aptitudes pour la
vie coloniale, sans avoir jamais quitté la mère-patrie, que la dite
Académie ouvre ses portes.

Pour avoir le droit de suivre les cours de l'Académie, il faut
avoir servi six ans à Java ou à Sumatra, dans l'Administration
coloniale. Quand ces six années sont révolues, les fonctionnaires
qui en font la demande obtiennent un congé de deux ans. Ils
rentrent en Hollande pour achever leur éducation et reçoivent un
supplément pendant la durée de leurs études.

Un pareil système ne peut donner que de magnifiques résultats,
et il serait à souhaiter, pour le plus grand bien des colonies et des
coloniaux que le Pavillon de Flore s'inspirât de la décision, qu'on
ne saurait assez applaudir, du Ministre néerlandais. En effet, ainsi

que le déclarait l'honorable M. Fock lors de sa conférence coloniale faite à Paris les premiers jours de l'année 1908, bon nombre
de fonctionnaires perdus dans la brousse n'ont à leur disposition
ni bibliothèques ni relations européennes, et la chaleur de ces
climats tropicaux ne dispose guère du reste à l'étude. C'est dans
leur pays natal, après qu'ils ont acquis l'expérience directe, senti
tout ce qui leur manque pour être ce qu'ils veulent devenir, que
ces hommes faits auront la chance de s'adonner à des études spé-
ciales d'économie politique, de droit civil et pénal. Le jour où ils
retourneront à leur poste, la patrie néerlandaise et la civilisation
trouveront en eux de bons soldats.

Le très distingué homme d'Etat hollandais a mille fois raison.
Oui, la patrie néerlandaise aura des hommes faits, des administrateurs qui auront su obéir avant de savoir commander, qui
auront la vocation et l'expérience directe des choses coloniales, et
admirablement armés pour accomplir pour le plus grand bien leur
tâche morale et sociale.

Pourquoi n'en serait-il de même en France ?

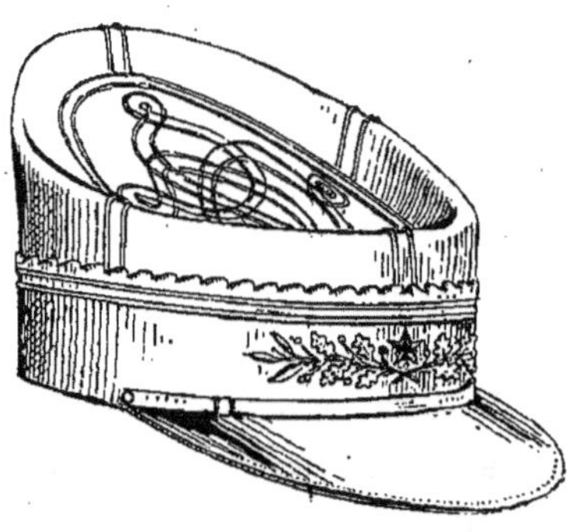

Nous avons écrit plus haut, qu'au point de vue connaissances
générales, l'Administrateur colonial devait être une véritable
encyclopédie administrative. Nous n'insisterons pas sur ce sujet :
notre but, notre désir, c'est de le présenter au public sous son côté
le plus intéressant, le plus utile ; de faire ressortir son rôle d'in-

termédiaire entre la civilisation et la barbarie, de préparateur d'hommes.

Une phrase employée par tous les peuples conquis paraît être le programme de l'œuvre de l'Administrateur. En effet, chaque fois que l'indigène a une requête à adresser à l'autorité, il débute toujours par ces mots : « Vous qui êtes mon père et ma mère... » Il n'est pas douteux qu'il a — et ce sentiment semble inné — une compréhension souvent beaucoup plus nette que l'Européen des devoirs et des responsabilités sociales qui incombent à ce dernier.

L'indigène a raison : l'Administrateur doit être son père et sa mère, son conseil, son guide et son ami.

C'est lui qui doit le préparer — j'insiste sur ce mot — à une vie autre que la sienne ; c'est lui qui doit amener la modification de son cerveau par des mesures progressives de bonté, de fermeté et de justice.

L'Administration supérieure s'est-elle jamais préoccupée des qualités morales de ses représentants ? S'est-elle inquiétée de savoir si Pierre ou Paul étaient suffisamment qualifiés pour tenir sur une telle scène le rôle si difficile de missionnaire social ?

A elle de répondre.

Pour nous, nous ne le pensons pas.

La poussée coloniale a été si forte en ces vingt dernières années, qu'elle ne pouvait pas faire le choix qu'elle aurait voulu parmi les candidats aux fonctions administratives lointaines

Aujourd'hui, la sélection est possible ; elle existe, et nous ne connaissons pas de personnel plus méritant, plus digne d'admiration que le personnel colonial en général et aussi plus injustement méconnu.

Il est, entre tous, un mot néfaste qui a présidé aux débuts de la plupart des Administrateurs et qui, pour les maux qu'il a causés, mériterait d'être rayé à tout jamais du vocabulaire colonial. Ce mot, qui pour beaucoup fut tout un programme, programme creux, programme criminel, c'est « ASSIMILATION ».

Que d'imbécillités, que d'erreurs, que de crimes, que je qualifierai de lèse-société, sont imputables à l'interprétation de ce malheureux mot. Un ou deux Ministres l'ont bien cloué au pilori, platoniquement, hélas! Plus d'assimilation, a-t-on dit. L'association prévoyante, humaine, juste, paroles superbes, soit; mais pourquoi seulement des mots, rien que des mots?

Rendons justice aux Administrateurs avec qui nous nous sommes entretenus au cours de nos voyages, en Afrique, en Indo-Chine, à Madagascar : tous sont d'accord avec nous pour condamner tardivement, malheureusement, la politique d'assimilation « à la française ».

Avant d'assimiler l'indigène, puisque *assimiler* veut dire « *rendre semblable* », l'Administrateur colonial, le préparateur d'hommes, doit d'abord s'assimiler l'indigène, descendre jusqu'à lui, étudier ses mœurs, ses coutumes, sa mentalité, afin de pouvoir utilement et par la force du temps modifier sa mentalité, en lui faisant gravir progressivement la pente tracée par les siècles civilisateurs.

Au lieu de cela, que voit-on? que fait-on? Dès le lendemain de la conquête on déballe devant l'indigène ébaubi tout notre matériel de civilisation, et, en des discours oiseux autant que fastidieux, nos jeunes orateurs administratifs s'égosillent, en pure perte, à expliquer des mots que l'interprète ne traduit pas, pour l'excellente raison qu'ils ne sont pas traduisibles; l'indigène ne les pensant pas, ne les parle pas.

Nous devons au dieu Hasard de nous être trouvé à la Côte d'Afrique et dans une grande île nouvellement annexée à notre empire colonial dès le lendemain de la conquête ; souvent nous avons assisté à des réunions au cours desquelles les grands chefs blancs tenaient leurs assises : Administrateurs ou Officiers.

Que d'éloquence gaspillée! Que de bonnes volontés impuissantes!

Allez donc, jeunes gens, expliquer aux Malgaches du sud de l'île, par exemple, ou aux Pahouins du Congo, au nom de la sacrée assimilation, ce que c'est que la patrie, le dévouement, la vérité, la fidélité, l'honneur, la probité, la virginité, etc., etc.

Il y a un mot cependant que tous comprennent : Justice. Les peuples les plus sauvages en ont le sentiment. Est-ce à dire pour cela qu'ils ont le sentiment de notre justice ? Non, certes. Leur justice est moins compliquée, plus immédiate, plus barbare, soit, réformons-la, c'est notre devoir, mais progressivement ; étudions d'abord leurs coutumes, leurs mœurs, et gardons-nous de leur imposer comme droit de conquête une procédure qu'avant long-temps encore ils n'apprécieront point.

En un mot, ne leur taillons point un habit fait sur notre mesure.

Comparons un instant l'Administrateur à un artiste statuaire ; a-t-on conscience d'un artiste qui se mettrait à l'œuvre avant que sa terre ne soit suffisamment pétrie, souple ? Comment juger dès lors un Administrateur qui aurait la prétention d'assimiler immédiatement un sauvage sans l'avoir longtemps avant étudié, préparé, modifié, assoupli ? Est-ce que le cerveau d'un être humain n'est pas plus délicat, plus difficile à réformer, moins maniable, que la terre la plus réfractaire ?

Que l'Administrateur mérite donc cette appellation si douce, si enfantine, si primitive de « père et de mère » de l'indigène ; qu'il se conduise comme une mère avec un nouveau-né ; qu'il lui apprenne à marcher avant de courir, à parler avant de chanter ; qu'il s'assimile d'abord à lui, s'il veut ensuite se l'assimiler.

Le cerveau de l'indigène est un cerveau d'enfant qu'il faut impressionner, sans voile, sous peine de donner naissance à un cliché social raté.

Le photographe, c'est l'Administrateur.

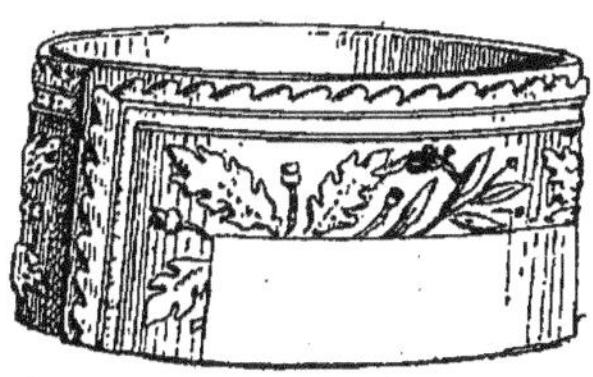

Une conséquence néfaste de l'assimilation comprise à rebours, « assimilation à la française », c'est le désir violent des résultats immédiats, tant au point de vue social ou moral qu'au point de vue économique.

Le Français ne sait pas attendre.

Un pays est-il à peine conquis que l'économiste demande ce qu'il rapporte ; le moraliste ce qu'il pense.

Nous voulons faire trop vite ; à tout prix, il faut assimiler, et le jeune Administrateur, malgré lui, subissant l'ambiance, se fait le complice inconscient d'une pareille mentalité métropolitaine aussi peu coloniale que possible.

Avant d'édicter telle ou telle réglementation administrative ou judiciaire, il faut étudier le caractère de ceux appelés à la subir si nous voulons être conscients avec nos grandes idées directrices, et éviter l'ivresse que procurent quelquefois la sonorité des mots ou des formules.

Avec l'honorable M. Fock, ancien ministre des colonies hollandaises, nous pensons « que de ce qu'une politique convient à telle ou telle colonie, il ne s'ensuit pas qu'il faille l'installer ailleurs.

Il n'y a pas de système dont l'application soit partout profitable.

Jeunes Administrateurs, pas d'assimilation brutale, laissez faire le temps pour la ressemblance ; faites-nous de la politique d'association, marquée au coin de la justice, de la vraie, et de l'humanité. Agir autrement, c'est faire fausse route, car l'Association est le véritable instrument de tous les perfectionnements sociaux, surtout lorsqu'elle est fondée sur l'équité ou en d'autres termes sur le libre consentement à un échange de services équivalents et non sur l'exploitation de l'homme par l'homme.

Ne perdez pas de vue que si le premier devoir du conquérant est de conserver sa conquête par la force, s'il ne peut faire autrement, les résultats obtenus par la force sont souvent précaires, même pour les peuples les mieux armés. Il ne peut y avoir de domination durable que celle qui est acceptée par les populations subjuguées. Et pour obtenir ce plébiscite, il faut, après avoir franchi la phase de la résignation passive, arriver jusqu'au ralliement des sentiments et des cœurs par la preuve indiscutable de la supériorité de direction et d'intentions, et par l'application d'une méthode qui tend à la participation de plus en plus grande, à la coopération de plus en plus effective des indigènes à l'administration de la possession, mais non point du gouvernement lui-même, qui doit rester jalousement inaccessible et intangible à l'élément indigène ; c'est ce qu'il faut entendre par cette expression de « politique d'association », du moins telle que nous la comprenons.

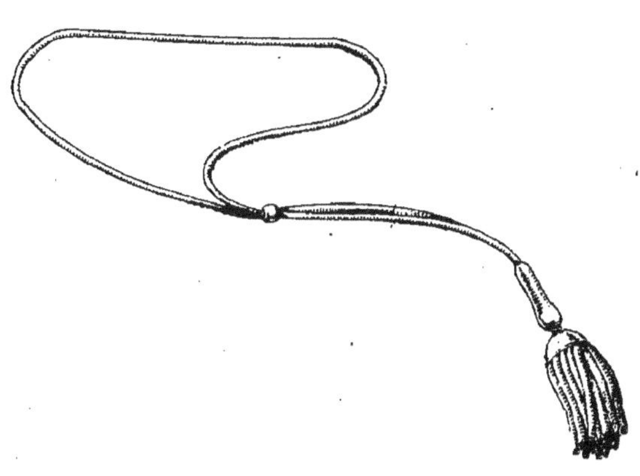

Le mot *Assimilation* n'est pas la seule tare d'un système dont fort heureusement les jours sont comptés ; il en existe un autre à qui je veux dire son fait : c'est le verbe *débrouiller* et par déduction le *débrouillage*.

Bien coupables sont les chefs de nos colonies qui ont élevé le débrouillage à la hauteur d'une institution ; bien criminels sont ceux qui ont dit au jeune administrateur ou à l'agent des services civils ou au garde de milice chef de station ou de poste administratif : « Débrouillez-vous, un Tel, il faut que l'impôt rentre, il faut faire des routes, il faut assurer la marche des convois, etc.,

etc., et pas d'histoires, surtout, pas d'histoires ; quant aux moyens mis à votre disposition pour accomplir ce programme, vous n'ignorez pas qu'ils sont des plus restreints; débrouillez-vous, au revoir, bon courage et bonne santé. Ayez recours aux moyens de fortune. »

Ah ! le bon billet. Ces conseils constituent tout un programme : ils sont à eux seuls l'histoire de tout un vaste pays africain.

Quelle situation épouvantable pour celui qui, sur les bancs de l'Ecole Coloniale, avait entrevu son rôle social et moral d'éducateur d'hommes, de préparateur d'une France plus glorieuse et plus grande ! Souvent quelle déception, quelle chute ! Ah ! c'est alors que la philosophie est indispensable, alliée à la gaieté !

Et quel tact, quelle diplomatie, quelle patience, quelle ruse, il faut que l'Administrateur déploie pour satisfaire son chef, sans histoires, et sans se débrouiller trop !

Jeunes Administrateurs, ne soyez pas trop débrouillards !

Le débrouillage n'est pas une règle administrative.

Soyez imaginatifs, ingénieux à l'excès, tirez le plus grand profit d'un rien, soyez rusés sans nuire à l'indigène, qui voit et ne verra longtemps en vous que l'étranger, c'est-à-dire l'ennemi, et rappelez-vous la leçon de haute morale que nous donne le bon La Fontaine dans sa fable « Le Singe et le Chat ».

Ne soyez ni *singe* ni *chat* : il en cuit toujours de tirer les marrons du feu, surtout pour les autres.

En outre de ses fonctions administratives, l'Administrateur colonial est doublé d'un magistrat. En effet, dans les provinces ou cercles où il n'existe ni tribunaux civils ni justice de paix à compétence étendue, il est juge de paix avec une compétence correctionnelle égale à celle des tribunaux de première instance ; de plus, il préside les tribunaux indigènes, qui ne connaissent que des affaires entre indigènes.

Enfin, vis-à-vis des indigènes seulement, il est armé du Code de l'indigénat, qui ne réprime que ce qu'en langage métropolitain je dénommerai « contraventions » ou « infractions » aux lois et règlements locaux.

Un décret reconnaît enfin aux administrateurs la qualité d'officier de police judiciaire.

Si nous ajoutons qu'en tant que juge de paix ils exercent les fonctions de juge d'instruction près la Cour criminelle de leur ressort, le lecteur jugera combien sa tâche est complexe et de quel *tempérament* doit être doué ce Maître-Jacques administratif ?

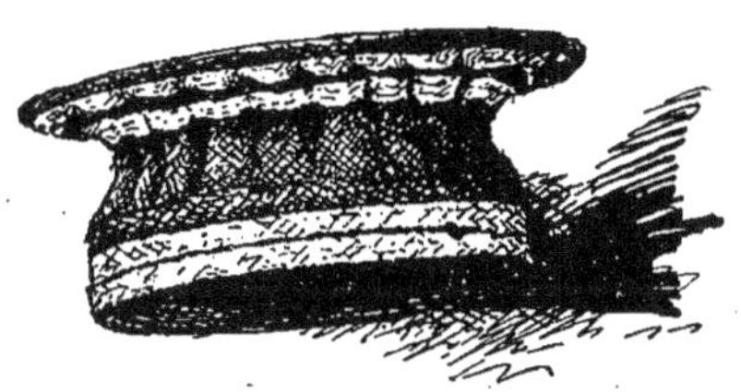

En tant que magistrat, l'Administrateur est donc appelé à juger les blancs et les noirs ?

C'est une erreur.

L'Administrateur colonial doit être le juge, le seul juge, de ses administrés indigènes ; la justice réclamée par les blancs doit leur être rendue par des magistrats de carrière dont la robe couvre les subtilités de nos lois.

Agir autrement, c'est préférer l'assimilation à l'association.

En matière indigène, il est plus difficile d'être juste qu'on ne le suppose.

L'indigène, nous l'avons dit, a le sentiment inné de la justice, mais d'une justice à sa façon, d'une justice souvent barbare mais qu'il comprend, et appropriée à sa mentalité. En Afrique, sauf en pays musulman, la justice, c'est la coutume des ancêtres ; à Madagascar, il en est autrement, les us et coutumes ont été codifiés et constituent un véritable code suffisant pour la plupart des litiges (1).

(1) Code des 305 articles, promulgué par la reine de Madagascar le 29 mars 1881.

Pourquoi ne pas codifier partout, en arrondissant les angles, et pourquoi parodier nos codes en les appliquant à des êtres qui, non seulement ne les comprennent pas, mais ne les comprendront pas avant des siècles, car nous ne ferons pas l'injure à la majorité de nos compatriotes de les supposer moins intelligents que des Pahouins, des Canaques ou des Malgaches.

Vouloir imposer aux vaincus la jurisprudence du vainqueur du jour au lendemain, sans préparation, faire lever la main droite à un indigène en lui faisant répéter la formule du serment, lui donner lecture de tous les articles du Code pénal, y compris le fameux et inévitable article 463, m'est toujours apparu comme une mascarade grotesque, indigne de gens civilisés, en même temps qu'une suprême injustice.

La voilà bien, l'assimilation ! Ah ! certes, je comprends les difficultés insurmontables que doivent rencontrer les malheureux Administrateurs chargés d'initier les pauvres noirs aux mystères de nos codes. J'en connais un, pour ma part, qui n'a jamais prononcé de jugement sans sourire ou sans tristesse.

Le châtiment doit être proportionné à la mentalité du coupable, et il est bien évident, pour ne prendre qu'un exemple, que les articles de notre Code qui répriment l'attentat et l'outrage à la pudeur, ainsi que le viol, ne sauraient être, sans commettre une injustice, applicables à des Malgaches, à des Pahouins ou à n'importe quel nègre du Dahomey ou de la Côte-d'Ivoire !

On oublie que l'Administrateur, avant d'ouvrir ses codes, doit préparer *ses grands enfants* à une civilisation meilleure, se constituer un véritable apôtre moral, et que ce n'est que lorsque des siècles auront succédé aux siècles que l'assimilation sera possible et qu'il pourra alors mettre en vigueur une jurisprudence susceptible d'être comprise.

Il est donc à souhaiter que les Administrateurs coloniaux, lorsqu'ils sont transformés en juge, se recueillent avant le jugement et se demandent si la sentence qu'ils vont prononcer est proportionnée au crime ou au délit, en tenant compte de la mentalité du patient ; et si surtout elle est d'accord avec leur conscience.

Pour cet examen, qu'ils veuillent bien descendre les échelons de notre échelle sociale, que nous avons mis tant de siècles à monter.

Indépendamment du cas de conscience, il en est un autre qui mérite de retenir l'attention des Administrateurs coloniaux.

Nous avons écrit plus haut qu'en qualité de juge de paix il avait, en matière correctionnelle, la compétence des tribunaux de première instance, ce qui revient à dire que si dans son cercle ou sa province survient un différend entre deux Européens, commerçants ou colons, ou entre un Européen et un indigène, c'est devant son tribunal que les parties comparaissent.

Sa situation devient des plus difficiles.

En effet, il arrive quelquefois que, pour des questions administratives, le chef de province ou de cercle est en désaccord avec le colon ; il se produit même des cas où la situation est très tendue, car sous les tropiques les têtes s'échauffent vite et les langues partent comme des pistolets, chargés à blanc, heureusement.

Qu'advient-il si l'Administrateur se change en juge et si l'Européen est partie en cause ? Le malentendu dégénère en animosité qui s'aggrave encore de ce fait qu'elle abandonne le terrain administratif pour se camper sur le terrain privé ; des clans se forment, la vie devient impossible. Or, il y a gros à parier que le colon, mécontent du jugement rendu par l'Administrateur, l'eut accueilli sans haine prononcé par un homme dont c'est le métier de juger son semblable, ou du moins sa malédiction n'eut-elle pas dépassé les quarante-huit heures que tout justiciable qui se respecte a pour maudire ses juges.

Aussi, que de patience, que de philosophie ne faut-il pas à l'Administrateur, pendant les vingt-cinq ans qu'il doit à l'État, s'il veut avoir de quoi vivre ses dernières années ! Qui ne le saura jamais, qui jamais, enfin, reconnaîtra les services rendus, les maux et les sacrifices soufferts ?

Combien, hélas ! meurent de la mort du loup, obscurément, qui, à l'heure de leur première étoile d'argent, avaient entrevu un ciel bleu, heureux de faire à leur Patrie et aux Vieux, laissés au pays, le sacrifice d'une jeunesse qui, comme toute autre, eut pu être gaie et sereine !

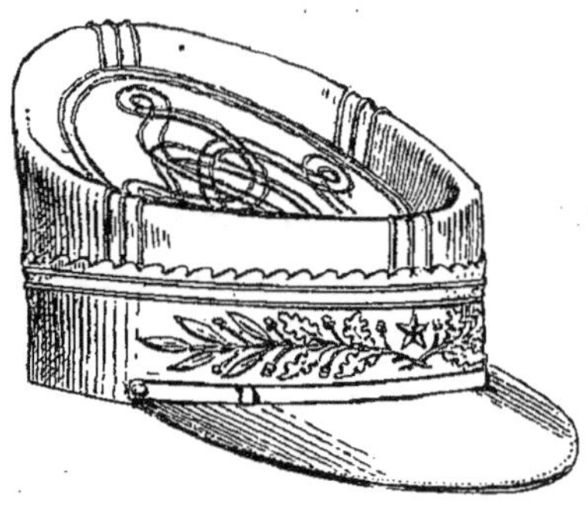

L'Administrateur colonial doit être, avons-nous dit plus haut, l'éducateur de l'indigène qu'il est chargé de civiliser et d'administrer ; dans la plupart de nos jeunes colonies, il en a été aussi l'instituteur. Nous disons *a été*, parce qu'en ces dernières années un grand pas a été fait vers l'enseignement, et il n'est plus aucune de nos colonies d'Afrique, sauf peut-être le Congo, encore en retard, qui ne possède un personnel d'instituteurs des plus méritants.

A chacun son doit : l'honneur incontestable en revient à cette Mission laïque qui eut pour père un courageux, un apôtre, et c'est avec reconnaissance que nous écrivons le nom du fondateur, M. DESCHAMPS, le regretté chef du service de l'enseignement à Madagascar.

C'est en effet de l'Ecole Jules-Ferry, fondation de la Mission laïque, que sont partis les premiers maîtres de carrière choisis avec soin parmi les instituteurs et institutrices en service dans la Métropole.

Ceux qui ont vu arriver en Afrique ces premiers ménages, ces premières jeunes institutrices, venant des quatre coins de France, abandonnant clocher, famille, amis, pour venir sous un ciel meurtrier et inconnu faire l'école aux petits nègres, leur apprendre la langue française autrement qu'en psaumes et en cantiques, ceux qui ont été témoins de leur foi, de leur enthousiasme, n'ont pu se défendre d'un sentiment de reconnaissance à l'égard d'un personnel que la légende nous dépeignait routinier par principe autant que par goût.

L'importance de l'instruction des indigènes, dans tous nos établissements coloniaux, ne semble avoir été comprise que dans ces dernières années, depuis que les progrès de l'expérience acquise, aidée des observations de nos Administrateurs les plus méritants et des comparaisons avec les méthodes appliquées dans les possessions des autres nations, éclairée également par les jugements de nos écrivains politiques les plus instruits et de nos plus profonds sociologues, ont réussi à faire pénétrer dans l'opinion publique agissante un sentiment qui lui était resté jusqu'ici à peu près étranger : celui de la *responsabilité morale* des conquérants et des obligations qu'elle leur impose.

Il n'y a, à notre avis, pour notre race, qu'une façon de légitimer nos conquêtes devant le monde civilisé : c'est de les rendre bienfaisantes, non seulement matériellement parlant, mais surtout moralement, en arrivant à faire reconnaître aux indigènes que leur état présent est préférable à celui du passé, et qu'à leurs propres yeux ils se sont améliorés.

Mais, perdu dans la brousse, que pourrait le meilleur des instituteurs, s'il n'est protégé et encouragé par l'Administrateur, chef de province ou de district ? pas grand chose, car l'indigène, apathique, paresseux et rebelle à toute innovation, à tout progrès que sa mentalité ne comprend, ne tarderait pas à déserter l'école, et le malheureux maître en serait réduit à faire ce que nous avons vu dans le pays catholique des Mauges (arrondissement de Cholet) : à apprendre à lire à ses enfants, s'il en a.

L'Administrateur doit donc être son soutien ; il ne doit perdre aucune occasion de visiter l'école, de suivre les travaux et les progrès des enfants, afin de bien leur montrer que l'École est inséparable de l'Administration et que l'instituteur est le véritable missionnaire qui, seul, à charge d'âmes.

Libre à eux, lorsqu'ils comprendront et raisonneront, d'embrasser telle ou telle religion : ils n'auront que l'embarras du choix.

Agir autrement, c'est-à-dire ne pas être intervenus en maîtres entre l'indigène et les missions, c'eût été nous faire les aides d'une œuvre dangereuse et contraire à notre esprit et à la Raison.

De ce côté encore, vaste est le champ laissé à l'activité, au dévouement de l'Administrateur colonial, et combien divers et inappréciables sont les services qu'il peut rendre à son pays et à la civilisation.

Nous devons cependant lui crier : casse-cou! car il y a instruction et instruction. L'instruction donnée aux indigènes ressemble un peu au sabre avec lequel M. Prudhomme entendait défendre la Constitution.

Bien ou mal menée, l'instruction peut produire les résultats les plus heureux ou, au contraire, amener des catastrophes, en déchaînant sur les sujets des maux lamentables et sans remèdes.

Suivant les méthodes employées, elle est capable de conduire à des résultats diamétralement opposés à ceux que l'on avait cherchés, c'est-à-dire à rendre plus profond le fossé qui sépare le peuple de ses maîtres, à exciter les antipathies et à rendre les haines plus redoutables, notamment en créant parmi les indigènes une armée de déclassés et de déracinés.

Aussi, toutes les fois que le soin sera laissé à son autorité et à son initiative, l'Administrateur devra orienter l'instruction vers un but nettement professionnel.

Dès que les enfants auront atteint la moyenne de savoir exigée en France pour le certificat d'études primaires, et ce ne sera pas déjà un mince bagage ni un résultat négligeable, le jeune indigène devra être dirigé qui, vers la menuiserie, charpente, forge, ébénisterie, ferblanterie, etc., etc.

Il nous paraît inutile et surtout dangereux d'en faire un petit phénomène, un perroquet de salon.

J'avoue n'avoir que très médiocrement goûté une scène scolaire à laquelle il m'a été donné d'assister récemment, dans une de nos colonies. Au cours d'un de mes nombreux voyages, je visitais une modeste école indigène dirigée par un maître formé dans une école normale de la colonie.

Quelle ne fut pas ma stupéfaction d'entendre ces malheureux petits nègres anonner au tableau noir la Déclaration des Droits de l'Homme !

Cela n'a pas de nom ; un pareil enseignement est innomable.

Suivre de pareils errements, c'est faire du 120 à l'heure dans des chemins défoncés, c'est le panache, l'abîme et la mort.

Ce qui nous manque, dans nos colonies d'Afrique, ce ne sont ni des littérateurs ni des calculateurs, nous n'en avons aucun besoin ; ce sont des ouvriers. Faites-nous des ouvriers ! et laissez aux siècles futurs, aux Administrateurs de l'an 2000, le soin de confectionner des peaux d'ânes parcheminées pour des futurs bacheliers, descendants de Béhanzin ou de Samory.

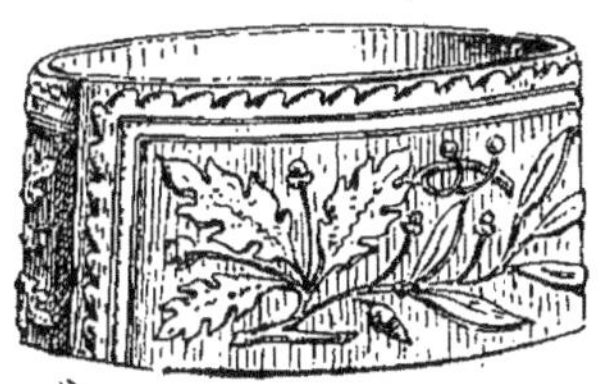

Un des plus grands bienfaits de nos conquêtes, dont l'indigène a très rapidement apprécié la portée et dont il est incontestablement reconnaissant, c'est l'œuvre de l'Assistance Médicale indigène, dont tout l'honneur revient au général GALLIENI, ancien Gouverneur Général de Madagascar. C'est, en effet, si je ne m'abuse, le premier de nos gouverneurs qui, des formules et des mots, passa à l'action.

Dernièrement, parcourant la collection des journaux officiels de a grande île africaine, nous tombâmes sur le compte rendu de l'inauguration d'un des nombreux hôpitaux indigènes dus à sa généreuse initiative. Le chef de la province, cela se passait, je crois, en Imerina, terminait son discours par cette phrase, que j'ai retenue, parce qu'elle définit admirablement la grande œuvre du Général : « L'histoire contemporaine ne manquera pas d'enseigner « aux générations à venir qu'après avoir été le pacificateur de « Madagascar, vous avez tenu à en être le bienfaiteur. »

Et rien n'est plus vrai.

L'Assistance Médicale indigène, au point de vue financier et administratif, est un service autonome entièrement dans la main du Chef de Province ou du Commandant de Cercle : il est l'ordonnateur de son budget, constitué par une redevance fixe payée par l'indigène ; du moins les choses se passent-elles ainsi à Madagascar, et il en est de même, croyons-nous, au Tonkin. En Afrique, l'œuvre en est à ses débuts, mais très intelligemment lancée par M. ROUME, elle marchera à pas de géant, sous la haute et intelligente impulsion que ne manquera pas de lui donner M. le Gouverneur Général MERLAUD-PONTY.

On peut dire que partout, en Afrique, en Indo-Chine, à Madagascar, nous faisons de louables efforts pour améliorer la situation physique de l'indigène.

Je ne connais pas d'œuvre plus intéressante et plus passionnante pour un Administrateur pénétré de son rôle social et moral que celle qui consiste à relever une race rongée par d'horribles maux ou abrutie par l'alcool, poison introduit par nous, les civilisés, reconnaissons-le en passant.

Il nous souvient même d'avoir entendu prôner l'introduction de l'alcool comme un agent puissant de colonisation.

C'est tout simplement criminel.

On prête au colonel LYAUTEY, aujourd'hui général, le propos suivant, tenu au général GALLIENI, alors Gouverneur Général de Madagascar : « Donnez-moi des médecins, mon Général, c'est le « plus sûr moyen de pacification. »

Ce propos n'a rien du paradoxe, il est vécu.

Ce qui revient à dire qu'à l'aide de l'Assistance Médicale prodiguée aux indigène, l'Administrateur a entre les mains un moyen certain de pacification et presque infaillible pour s'assurer l'attachement et la reconnaissance de ses administrés. Ce résultat obtenu, sa tâche sociale et morale lui sera joliment plus facile.

Les Administrateurs l'ont compris.

Que ce soit à Madagascar, en Afrique, en Indo-Chine, partout ils s'adonnent avec passion à cette œuvre humanitaire et sociale.

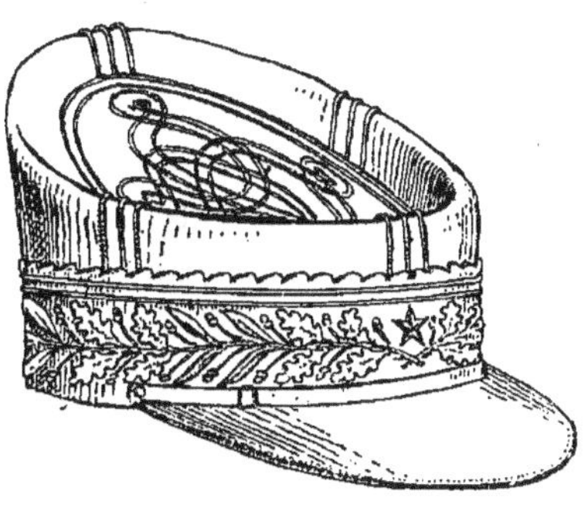

Les européens qui peuplent nos colonies, nous ne parlons pas ici de nos colonies à représentation parlementaire, peuvent se diviser en trois classes, sous l'unique dénomination de « colons » :

1° Le Colon proprement dit, celui qui possède une propriété, l'exploite et en vit lui et les siens ;

2° Le Commerçant ou traitant, travaillant pour son compte ou pour celui d'une Compagnie ou d'une Société ;

3° Le Prospecteur.

Il en existe malheureusement un quatrième, que nous ne citerons que pour mémoire, uniquement pour mettre en garde les jeunes Administrateurs, car il n'entre pas dans nos vues un seul instant de critiquer la majorité de ces courageux et honnêtes citoyens qui vont mettre au profit de l'œuvre commune leur intelligence et leurs capitaux ; c'est celui qui exploite..... l'indigène.

Celui-là, c'est l'ennemi juré de l'Administrateur.

Dans les chapitres précédents, nous avons analysé le rôle social et moral de l'Administrateur Colonial tel que nous le comprenons, succinctement, il est vrai, mais suffisamment, croyons-nous, pour qu'il soit connu et apprécié du public.

Il nous reste à dire un mot de ses rapports avec le colon.

De sa tâche si complexe, c'est évidemment la partie qui exige le plus de tact, de dévouement, d'altruisme, de patience et de fermeté, car l'Administrateur n'a plus devant lui l'être primitif et sauvage qu'est l'indigène, mais bien un être de sa race conduit à s'expatrier par l'âpreté de la lutte pour la vie et attiré lui aussi par les séduisantes descriptions de certains auteurs sur les charmes des tropiques : vie libre, terre vierge, etc., etc.

Chez le colon, comme chez le fonctionnaire, se trouvent mélangés qualités et défauts qui, aux Colonies, se manifestent peut être plus vivement que dans la vieille Europe, parce que plus à l'aise, moins étouffés ou contenus.

Dans cette partie de son rôle, l'Administrateur devra être doublé d'un philosophe bienveillant et d'un observateur attentif.

Dans son éducation, l'Administrateur puisera le tact nécessaire ; dans la haute et saine conception de sa tâche sociale, la patience, la tolérance, la bienveillance et la fermeté.

L'Administrateur, dans la plus large acception, doit au colon aide et assistance ; c'est une de ses raisons d'être, et non des moindres. Par tous les moyens en son pouvoir, et ils sont nombreux, il doit s'efforcer d'aplanir les difficultés inhérentes à tous débuts, tout en sauvegardant les intérêts de l'indigène. La tâche est ardue ; mais qu'il n'oublie jamais, le jeune Administrateur, qu'il appartient à la catégorie des privilégiés, qu'il ne doit froisser aucune de ces susceptibilités si fréquentes aux colonies et que, parce que privilégié, sa personnalité doit s'effacer devant la noblesse de son rôle social et moral.

Qu'importent les calomnies possibles, les jalousies et les petites haines ! qu'il soit et demeure altruiste ; qu'il envisage le colon non de sa tour d'ivoire, mais qu'il se substitue à lui, qu'il excuse certains mouvements d'humeur, ses impatiences, combien excusables ! dont lui-même n'est pas à l'abri, et qu'il lui accorde, proportionnellement à son éducation et à son instruction, plus que des circonstances atténuantes, sa bienveillance la plus entière. Un jour viendra, l'heure immanente sonne toujours, où ce même colon lui rendra justice, lui témoignera sa reconnaissance.

Pour tenir convenablement un tel rôle, il faut un homme, et non un détraqué ni un neurasthénique, car nous ne voudrions pas que le public pût croire que les imperfections soient un genre d'importations dont le colon aurait seul le monopole ; oh ! que non !

Nous connaissons au contraire nombre de colons, hommes d'élite par le cœur et l'esprit, qui considèrent tel coin de notre vaste empire d'outre-mer comme leur Patrie. Sentiment que l'Administration ne saurait trop encourager, car, ne l'oublions pas, ces hommes, ces colons, sont les fondateurs d'un futur Etat.

L'autonomie plus ou moins lointaine, n'est-ce pas en effet le but vers lequel tendent et doivent tendre toutes nos colonies ?

L'évolution sera lente pour quelques-unes, mais fatale. Exemple : le Canada, l'Australie, le Cap, pour l'Angleterre ; et bien aveugle serait celui qui ne verrait pas cette évolution en marche chez nous, en Algérie.

Nous répétons : c'est fatal ; de même que l'enfant, arrivé à un certain âge, instruit et éduqué, quitte le foyer paternel où il a joué, pleuré, travaillé, grandi, aimé, pour fonder un autre foyer, de même les colonies, lorsqu'elles se sentiront assez fortes, lorsque leur éducation et leur situation économique le leur permettront, se détacheront de leur Mère-Patrie, lui conservant seulement amour, fidélité, reconnaissance et, si le besoin en était, secours et assistance.

Or, l'Administrateur et le Colon sont les ouvriers appelés à construire les fondations du futur monument, et, pour qu'il repose sur des assises solides, il faut que les matériaux soient de première qualité.

Pour ciment, du cœur et de la solidarité ! Pour matériaux, des consciences inspirées et mues par ce souffle divin qui anime les créateurs !

Tel est, en son ensemble, rapidement et modestement esquissé, le rôle social et moral de l'Administrateur Colonial.

Puissent faire ces quelques pages, si possible, que ces courageux, ces utiles serviteurs du Pays cessent d'être inconnus et trop souvent méconnus ; puissent-elles surtout inspirer ceux que leur vocation poussera vers les carrières coloniales !

RENÉ SAINT-CLAIR.

NIORT, le 1er Juin 1909.

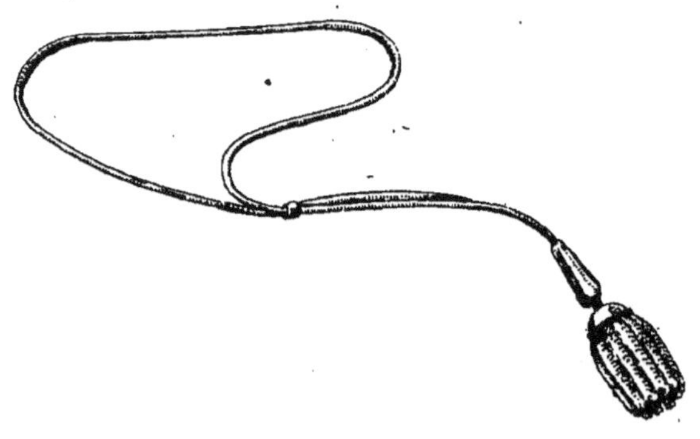

DÉCRETS ET ARRÊTÉS MINISTÉRIELS

RÈGLEMENTANT LE CORPS DES ADMINISTRATEURS COLONIAUX

2 Septembre 1887. — Décret instituant un corps unique d'Administrateurs Coloniaux pour les fonctionnaires chargés en sous-ordre de l'Administration des colonies.

———

12 Décembre 1888. — Décret réorganisant le corps des Administrateurs Coloniaux.

———

16 Décembre 1892. — Décret portant réorganisation du corps des Administrateurs Coloniaux.

———

24 Juillet 1894. — Décret modifiant le décret du 16 décembre 1892 portant réorganisation du corps des Administrateurs Coloniaux.

———

4 Juillet 1896. — Décret portant réorganisation du personnel des Administrateurs Coloniaux.

———

24 Septembre 1896. — Décret fixant l'uniforme du personnel des Administrateurs Coloniaux.

———

1er Septembre 1899. — Circulaire ministérielle au sujet de la tenue des Administrateurs Coloniaux.

———

6 Avril 1900. — Décret portant : 1° Réorganisation du personnel des Administrateurs Coloniaux ; 2° Organisation du personnel des Affaires Indigènes aux colonies.

———

19 Septembre 1903. — Décret modifiant les articles 4, 8, 10, 11, 12, 13 du décret du 6 avril 1900 réorganisant le personnel des Administrateurs Coloniaux.

---

27 Juin 1905. — Décret portant modification aux décrets des 6 avril 1900 et 19 septembre 1903 réorganisant le personnel des Administrateurs Coloniaux.

---

6 Septembre 1905. — Arrêté du ministre des colonies déterminant les conditions exigées des fonctionnaires, officiers, agents ou explorateurs non munis du brevet de l'Ecole Coloniale qui sollicitent leur admission dans le cadre des Administrateurs coloniaux.

---

10 Décembre 1905. — Décret portant modification au décret du 6 avril 1900 réorganisant le personnel des Administrateurs Coloniaux.

---

30 Décembre 1908. — Décret portant modification au décret organique du personnel des Administrateurs Coloniaux.

Décret du 3 juillet 1897 sur les indemnités de route, séjour et passages.

Décret du 22 décembre 1897 sur la solde.

www.ingramcontent.com/pod-product-compliance
Lightning Source LLC
Chambersburg PA
CBHW051241070726
47594CB00013B/1827